易經

I Ching

伏羲

Fuxi

I Ching

First Published in Great Britain in 2013 by Jiahu Books – part of Richardson-Prachai Solutions Ltd, 34 Egerton Gate, Milton Keynes, MK5 7HH
ISBN: 978-1-909669-38-3

A CIP catalogue record for this book is available from the British Library
Visit us at: jiahubooks.co.uk

	天	澤	火	雷	風	水	山	地
天	乾	夬	大有	大壯	小畜	需	大畜	泰
澤	履	兌	睽	歸妹	中孚	節	損	臨
火	同人	革	離	豐	家人	既濟	賁	明夷
雷	无妄	隨	噬嗑	震	益	屯	頤	復
風	姤	大過	鼎	恒	巽	井	蠱	升
水	訟	困	未濟	解	渙	坎	蒙	師
山	遯	咸	旅	小過	漸	蹇	艮	謙
地	否	萃	晉	豫	觀	比	剝	坤

第一卦

乾

乾下乾上

乾，元、亨、利、貞。

初九，潛龍，勿用。

九二，見龍在田，利見大人。

九三，君子終日乾乾，夕惕若，厲，无咎。

九四，或躍在淵，无咎。

九五，飛龍在天，利見大人。

上九，亢龍，有悔。

用九，見羣龍无首，吉。

彖曰：大哉乾元，萬物資始，乃統天。雲行雨施，品物流形。大明終始，六位時成，時乘六龍以御天。乾道變化，各正性命，保合大和一作太和，乃利貞。首出庶物，萬國咸寧。

象曰：天行健，君子以自強不息。潛龍勿用，陽在下也。見龍在田，德施普也。終日乾乾，反復道也。或躍在淵，進无咎也。飛龍在天，大人造也。亢龍有悔，盈不可久也。用九，天德不可為首也。

文言曰：元者，善之長也。亨者，嘉之會也。利者，義之和也。貞者，事之幹也。君子體仁足以長人，嘉會足以合禮，利物足以和義，貞固足以幹事。君子行此四德者，故曰：「乾，元、亨、利、貞。

初九曰：「潛龍，勿用。」何謂也？子曰：「龍德而隱者也。不易乎世，不成乎名，遯世无悶，不見是而无悶，樂則行之，憂則違之，確乎其不可拔，潛龍也。

九二曰：「見龍在田，利見大人。」何謂也？子曰：「龍德而正中者也。庸言之信，庸行之謹；閑邪存其誠，善世而不伐，德博而化。易曰：『見龍在田，利見大人。』君德也。

九三曰：「君子終日乾乾，夕惕若，厲，无咎。」何謂也？子曰：「君子進德脩業。忠信，所以進德也；脩辭立其誠，所以居業也。知至至之，可與幾也。知終終之，可與存義也。是故居上位而不驕，在下位而不憂，故乾乾因其時而惕，雖危无咎矣。

九四曰：「或躍在淵，无咎。」何謂也？子曰：「上下无常，非為邪也。進退无恒，非離羣也。君子進德脩業，欲及時也。故无咎。

九五曰：「飛龍在天，利見大人。」何謂也？子曰：「同聲相應，同氣相求；水流濕，火就燥，雲從龍，風從虎；聖人作而萬物覩；本乎天者親上，本乎地者親下，則各從其類也。

上九曰：「亢龍，有悔。」何謂也？子曰：「貴而无位，高而无民，賢人在下位而无輔，是以動而有悔也。

「潛龍，勿用。」下也。「見龍在田」，時舍也。「終日乾乾」，行事也。「或躍在淵」，自試也。「飛龍在天」，上治也。「亢龍，有悔。」窮之災也。「乾元用九」，天下治也。

「潛龍，勿用。」陽氣潛藏。「見龍在田」，天下文明。「終日乾乾」，與時偕行。「或躍在淵」，乾道乃革。「飛龍在天」，乃位乎天德。「亢龍有悔」，與時偕極。「乾元用九」，乃見天則。

乾元者，始而亨者也。利貞者，性情也。乾始能以美利利天下，不言所利，大矣哉！大哉乾乎，剛健中正，純粹精也。六爻發揮，旁通情也。時乘六龍，以御天也。雲行雨施，天下平也。

君子以成德為行，日可見之行也。潛之為言也，隱而未見，行而未成，是以君子弗用也。

君子學以聚之，問以辯之，寬以居之，仁以行之，易曰，「見龍在田，利見大人。」君德也。

九三，重剛而不中，上不在天，下不在田；故乾乾因其時而惕，雖危，无咎矣。

九四，重剛而不中，上不在天，下不在田，中不在人，故或之。或之者，疑之也，故无咎。

夫大人者，與天地合其德，與日月合其明，與四時合其序，與鬼神合其吉凶；先天而天弗違，後天而奉天時，天且弗違，而況於人乎？況於鬼神乎？

亢之為言也，知進而不知退，知存而不知亡，知得而不知喪；其唯聖人乎！知進退存亡而不失其正者，其唯聖人乎！

第二卦

坤

坤下坤上

坤，元亨，利牝馬之貞。君子有攸往，先迷後得主。利西南得朋，東北喪朋。安貞吉。

彖曰：至哉坤元，萬物資生，乃順承天。坤厚載物，德合无疆；含弘光大，品物咸亨。牝馬地類，行地无疆。柔順利貞，君子攸行。先迷失道，後順得常。西南得朋，乃與類行，東北喪朋，乃終有慶。安貞之吉，應地无疆。

象曰：地勢坤，君子以厚德載物。

初六，履霜，堅冰至。

象曰：履霜堅冰，陰始凝也。馴致其道，至堅冰也。

六二，直方大，不習无不利。

象曰：六二之動，直以方也。不習无不利，地道光也。

六三，含章，可貞。或從王事，无成有終。

象曰：含章可貞，以時發也。或從王事，知光大也。

六四，括囊，无咎无譽。

象曰：括囊无咎，慎不害也。

六五，黃裳，元吉。

象曰：黃裳元吉，文在中也。

上六，龍戰于野，其血玄黃。

象曰：龍戰于野，其道窮也。

用六，利永貞。

象曰：用六永貞，以大終也。

文言曰：坤至柔而動也剛，至靜而德方。後得主而有常，含萬物而化光。坤道其順乎！承天而時行。

積善之家，必有餘慶；積不善之家，必有餘殃。臣弑其君，子弑其父，非一朝一夕之故，其所由來者漸矣。由辯之不早辯也。易曰：「履霜，堅冰至。」蓋言順也。

直其正也，方其義也。君子敬以直內，義以方外，敬義立而德不孤。「直方大，不習无不利。」則不疑其所行也。

陰雖有美，含之。以從王事，弗敢成也。地道也，妻道也，臣道也。地道无成，而代有終也。

天地變化，草木蕃；天地閉，賢人隱。易曰：「括囊，无咎，无譽。」蓋言謹也。

君子黃中通理，正位居體，美在其中，而暢於四支，發於事業，美之至也。

陰疑於陽必戰，為其嫌於无陽也，故稱龍焉。猶未離其類也，故稱血焉。夫玄黃者，天地之雜也。天玄而地黃。

第三卦

屯

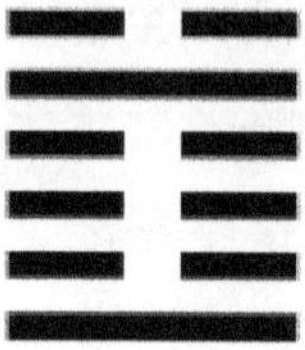

震下坎上

屯，元亨，利貞。勿用有攸往，利建侯。

彖曰：屯，剛柔始交而難生，動乎險中，大亨貞。雷雨之動滿盈，天造草昧，宜建侯而不寧。

象曰：雲雷，屯；君子以經綸。

初九，磐桓，利居貞，利建侯。

象曰：雖磐桓，志行正也。以貴下賤，大得民也。

六二，屯如邅如，乘馬班如，匪寇婚媾，女子貞不字，十年乃字。

象曰：六二之難，乘剛也。十年乃字，反常也。

六三，即鹿无虞，惟入于林中，君子幾不如舍，往吝。

象曰：即鹿无虞，以從禽也。君子舍之，往吝窮也。

六四，乘馬班如，求婚媾，往，吉无不利。

象曰：求而往，明也。

九五，屯其膏；小貞吉，大貞凶。

象曰：屯其膏，施未光也。

上六，乘馬班如，泣血漣如。

象曰：泣血漣如，何可長也。

第四卦

蒙

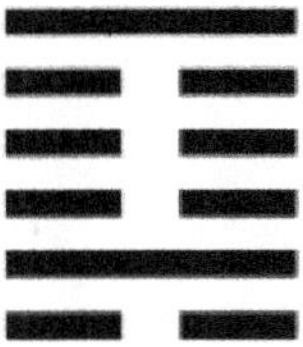

坎下艮上

蒙，亨。匪我求童蒙，童蒙求我。初筮告，再三瀆，瀆則不告。利貞。

彖曰：蒙，山下有險，險而止，蒙。蒙亨，以亨行，時中也。匪我求童蒙，童蒙求我，志應也。初筮告，以剛中也。再三瀆，瀆則不告，瀆蒙也。蒙以養正，聖功也。

象曰：山下出泉，蒙；君子以果行育德。

初六，發蒙，利用刑人，用說桎梏，以往吝。

象曰：利用刑人，以正法也。

九二，包蒙吉，納婦吉，子克家。

象曰：子克家，剛柔節也。

六三，勿用取女，見金夫，不有躬，无攸利。

象曰：勿用取女，行不順也。

六四，困蒙，吝。

象曰：困蒙之吝，獨遠實也。

六五，童蒙，吉。

象曰：童蒙之吉，順以巽也。

上九，擊蒙，不利為寇，利禦寇。

象曰：利用禦寇，上下順也。

第五卦

需

乾下坎上

需，有孚，光亨，貞吉。利涉大川。

彖曰：需，須也，險在前也；剛健而不陷，其義不困窮矣。需，有孚，光亨，貞吉，位乎天位，以正中也。利涉大川，往有功也。

象曰：雲上於天，需；君子以飲食宴樂。

初九，需于郊，利用恆，无咎。

象曰：需于郊，不犯難行也。利用恆，无咎，未失常也。

九二，需于沙，小有言，終吉。

象曰：需于沙，衍在中也。雖小有言，以終吉也。

九三，需于泥，致寇至。

象曰：需于泥，災在外也。自我致寇，敬慎不敗也。

六四，需于血，出自穴。

象曰：需于血，順以聽也。

九五，需于酒食，貞吉。

象曰：酒食，貞吉，以中正也。

上六，入于穴，有不速之客三人來，敬之終吉。

象曰：不速之客來，敬之終吉。雖不當位，未大失也。

第六卦

訟

坎下乾上

訟，有孚，窒，惕，中吉，終凶。利見大人，不利涉大川。

象曰：訟，上剛下險，險而健，訟。訟，有孚，窒，惕，中吉，剛來而得中也。終凶，訟不可成也。利見大人，尚中正也。不利涉大川，入于淵也。

象曰：天與水違行，訟；君子以作事謀始。

初六，不永所事，小有言，終吉。

象曰：不永所事，訟不可長也。雖小有言，其辯明也。

九二，不克訟，歸而逋，其邑人三百戶无眚。

象曰：不克訟，歸逋竄也。自下訟上，患至掇也。

六三，食舊德，貞厲，終吉。或從王事，无成。

象曰：食舊德，從上吉也。

九四，不克訟，復即命渝，安貞吉。

象曰：復即命渝，安貞，不失也。

九五，訟，元吉。

象曰：訟，元吉，以中正也。

上九，或錫之鞶帶，終朝三褫之。

象曰：以訟受服，亦不足敬也。

第七卦

師

坎下坤上

師，貞丈人吉，无咎。

象曰：師，眾也。貞，正也。能以眾正，可以王矣。剛中而應，行險而順，以此毒天下，而民從之，吉又何咎矣。

象曰：地中有水，師；君子以容民畜衆。

初六，師出以律，否臧，凶。

象曰：師出以律；失律，凶也。

九二，在師中吉，无咎；王三錫命。

象曰：在師中吉，承天寵也。王三錫命，懷萬邦也。

六三，師或輿尸，凶。

象曰：師或輿尸，大无功也。

六四，師左次，无咎。

象曰：左次无咎，未失常也。

六五，田有禽，利執言，无咎。長子帥師，弟子輿尸，貞凶。

象曰：長子帥師，以中行也。弟子輿尸，使不當也。

上六，大君有命，開國承家，小人勿用。

象曰：大君有命，以正功也。小人勿用，必亂邦也。

第八卦

比

坤下坎上

比，吉。原筮元永貞，无咎。不寧方來，後夫凶。

彖曰：比，吉也。比，輔也，下順從也。原筮，元永貞，无咎，以剛中也。不寧方來，上下應也。後夫凶，其道窮也。

象曰：地上有水，比；先王以建萬國，親諸侯。

初六，有孚，比之，无咎。有孚盈缶，終來有它，吉。

象曰：比之初六，有它吉也。

六二，比之自內，貞吉。

象曰：比之自內，不自失也。

六三，比之匪人。

象曰：比之匪人，不亦傷乎！

六四，外比之，貞吉。

象曰：外比於賢，以從上也。

九五，顯比。王用三驅，失前禽，邑人不誡，吉。

象曰：顯比之吉，位正中也。舍逆取順，失前禽也。邑人不誡，上使中也。

上六，比之无首，凶。

象曰：比之无首，无所終也。

第九卦

小畜

乾下巽上

小畜，亨。密雲不雨，自我西郊。

彖曰：小畜，柔得位而上下應之，曰小畜。健而巽，剛中而志行，乃亨。密雲不雨，尚往也。自我西郊，施未行也。

象曰：風行天上，小畜，君子以懿文德。

初九，復自道，何其咎，吉。

象曰：復自道，其義吉也。

九二，牽復，吉。

象曰：牽復在中，亦不自失也。

九三，輿說輻，夫妻反目。

象曰：夫妻反目，不能正室也。

六四，有孚，血去惕出，无咎。

象曰：有孚。惕出。上合志也。

九五，有孚攣如，富以其鄰。

象曰：有孚攣如，不獨富也。

上九，既雨既處，尚德載，婦貞厲，月幾望，君子征凶。

象曰：既雨既處，德積載也。君子征凶，有所疑也。

第十卦

履

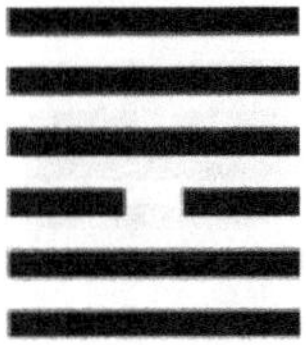

兌下乾上

履虎尾，不咥人，亨。

象曰：履，柔履剛也。說而應乎乾，是以履虎尾，不咥人，亨。剛中正，履帝位而不疚，光明也。

象曰：上天下澤，履；君子以辯上下，定民志。

初九，素履，往无咎。

象曰：素履之往，獨行願也。

九二，履道坦坦，幽人貞吉。

象曰：幽人貞吉，中不自亂也。

六三，眇能視，跛能履，履虎尾，咥人，凶。武人為于大君。

象曰：眇能視，不足以有明也。跛能履，不足以與行也。咥人之凶，位不當也。武人為于大君，志剛也。

九四，履虎尾，愬愬終吉。

象曰：愬愬終吉，志行也。

九五，夬履，貞厲。

象曰：夬履貞厲，位正當也。

上九，視履考祥，其旋元吉。

象曰：元吉在上，大有慶也。

第十一卦

泰

䷊

乾下坤上

泰，小往大來，吉亨。

彖曰：泰，小往大來，吉亨。則是天地交而萬物通也，上下交而其志同也。內陽而外陰，內健而外順，內君子而外小人，君子道長，小人道消也。

象曰：天地交，泰；后以財成天地之道，輔相天地之宜，以左右民。

初九，拔茅茹以其彙，征吉。

象曰：拔茅征吉，志在外也。

九二，包荒。用馮河，不遐遺；朋亡。得尚于中行。

象曰：包荒，得尚于中行，以光大也。

九三，无平不陂，无往不復，艱貞无咎。勿恤其孚，于食有福。

象曰：无往不復，天地際也。

六四，翩翩，不富以其鄰；不戒以孚。

象曰：翩翩不富，皆失實也。不戒以孚，中心願也。

六五，帝乙歸妹，以祉，元吉。

象曰：以祉，元吉。中以行願也。

上六，城復于隍，勿用師，自邑告命，貞吝。

象曰：城復于隍，其命亂也。

第十二卦

否

坤下乾上

否之匪人，不利君子貞，大往小來。

彖曰：否之匪人，不利君子貞，大往小來。則是天地不交而萬物不通也，上下不交而天下无邦也。內陰而外陽，內柔而外剛，內小人而外君子，小人道長，君子道消也。

象曰：天地不交，否；君子以儉德辟難，不可榮以祿。

初六，拔茅茹以其彙，貞吉。亨。

象曰：拔茅貞吉，志在君也。

六二，包承，小人吉，大人否。亨。

象曰：大人否，亨。不亂羣也。

六三，包羞。

象曰：包羞，位不當也。

九四，有命，无咎，疇離祉。

象曰：有命无咎，志行也。

九五，休否，大人吉。其亡其亡，繫于苞桑。

象曰：大人之吉，位正當也。

上九，傾否，先否後喜。

象曰：否終則傾，何可長也。

第十三卦

同人

離下乾上

同人于野，亨。 利涉大川，利君子貞。

彖曰：同人，柔得位得中，而應乎乾，曰同人。同人曰，同人于野，亨。利涉大川，乾行也。文明以健，中正而應，君子正也。唯君子為能通天下之志。

象曰：天與火，同人；君子以類族辨物。

初九：同人于門，無咎。

象曰：出門同人，又誰咎也。

六二：同人于宗，吝。

象曰：同人于宗，吝道也。

九三：伏戎于莽，升其高陵，三歲不興。

象曰：伏戎于莽，敵剛也。三歲不興，安行也。

九四：乘其墉，弗克，攻吉。

象曰：乘其墉，義弗克也，其吉，則困而反則也。

九五：同人，先號啕而后笑。大師克相遇。

象曰：同人之先，以中直也。大師相遇，言相克也。

上九：同人于郊，無悔。

象曰：同人于郊，志未得也。

第十四卦

大有

乾下離上

大有，元亨。

彖曰：大有，柔得尊位，大中而上下應之，曰大有。其德剛健而文明，應乎天而時行，是以元亨。

象曰：火在天上，大有；君子以竭惡揚善，順天休命。

初九：无交害，匪咎，艱則无咎。

象曰：大有初九，无交害也。

九二：大車以載，有攸往，无咎。

象曰：大車以載，積中不敗也。

九三：公用亨于天子，小人弗克。

象曰：公用亨于天子，小人害也。

九四：匪其彭，无咎。

象曰：匪其彭，无咎；明辨晰也。

六五：厥孚交如，威如；吉。

象曰：厥孚交如，信以發志也。威如之吉，易而无備也。

上九：自天佑之，吉无不利。

象曰：大有上吉，自天佑也。

第十五卦

謙

艮下坤上

謙，亨，君子有終。

彖曰：謙，亨，天道下濟而光明，地道卑而上行。天道虧盈而益謙，地道變盈而流謙，鬼神害盈而福謙，人道惡盈而好謙。謙尊而光，卑而不可踰，君子之終也。

象曰：地中有山，謙；君子以裒多益寡，稱物平施。

初六：謙謙君子，用涉大川，吉。

象曰：謙謙君子，卑以自牧也。

六二：鳴謙，貞吉。

象曰：鳴謙貞吉，中心得也。

九三：勞謙君子，有終吉。

象曰：勞謙君子，萬民服也。

六四：无不利，撝謙。

象曰：无不利撝謙；不違則也。

六五：不富，以其鄰，利用侵伐，无不利。

象曰：利用侵伐，征不服也。

上六：鳴謙，利用行師，征邑國。

象曰：鳴謙，志未得也。可用行師，征邑國也。

第十六卦

豫

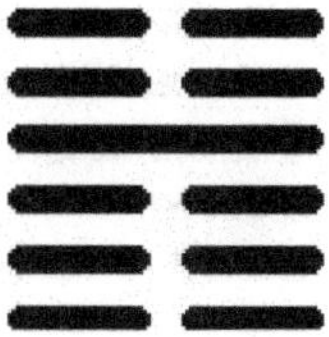

坤下震上

豫，利建侯行師。

彖曰：豫，剛應而志行，順以動，豫。豫，順以動，故天地如之，而況建侯行師乎？天地以順動，故日月不過，而四時不忒；聖人以順動，則刑罰清而民服。豫之時義大矣哉！

象曰：雷出地奮，豫。先王以作樂崇德，殷荐之上帝，以配祖考。

初六：鳴豫，凶。

象曰：初六鳴豫，志窮凶也。

六二：介于石，不終日，貞吉。

象曰：不終日，貞吉；以中正也。

六三：盱豫，悔。遲有悔。

象曰：盱豫有悔，位不當也。

九四：由豫，大有得。勿疑。朋盍簪。

象曰：由豫，大有得；志大行也。

六五：貞疾，恆不死。

象曰：六五貞疾，乘剛也。恆不死，中未亡也。

上六：冥豫，成有渝，无咎。

象曰：冥豫在上，何可長也。

第十七卦

隨

震下兌上

隨，元亨，利貞，无咎。

象曰：隨，剛來而下柔，動而說，隨。大亨貞，无咎，而天下隨時，隨之時義大矣哉！

象曰：澤中有雷，隨；君子以嚮晦入宴息。

初九：官有渝，貞吉。出門交有功。

象曰：官有渝，從正吉也。出門交有功，不失也。

六二：系小子，失丈夫。

象曰：系小子，弗兼與也。

六三：系丈夫，失小子。隨有求得，利居貞。

象曰：系丈夫，志舍下也。

九四：隨有獲，貞凶。有孚在道，以明，何咎。

象曰：隨有獲，其義凶也。有孚在道，明功也。

九五：孚于嘉，吉。

象曰：孚于嘉，吉；位正中也。

上六：拘系之，乃從維之。王用亨于西山。

象曰：拘系之，上窮也。

第十八卦

蠱

巽下艮上

蠱，元亨，利涉大川。先甲三日，後甲三日。

彖曰：蠱，剛上而柔下，巽而止，蠱。蠱，元亨，而天下治也。利涉大川，往有事也。先甲三日，後甲三日，終則有始，天行也。

象曰：山下有風，蠱；君子以振民育德。

初六：幹父之蠱，有子考，无咎，厲終吉。

象曰：幹父之蠱，意承考也。

九二：幹母之蠱，不可貞。

象曰：幹母之蠱，得中道也。

九三：幹父之蠱，小有悔，无大咎。

象曰：幹父之蠱，終无咎也。

六四：裕父之蠱，往見吝。

象曰：裕父之蠱，往未得也。

六五：幹父之蠱，用譽。

象曰：幹父用譽，承以德也。

上九：不事王侯，高尚其事。

象曰：不事王侯，志可則也。

第十九卦

臨

兌下坤上

臨，元亨，利貞。至于八月有凶。

彖曰：臨，剛浸而長。說而順，剛中而應，大亨以正，天之道也。至于八月有凶，消不久也。

象曰：澤上有地，臨；君子以教思无窮，容保民无疆。

初九：咸臨，貞吉。

象曰：咸臨貞吉，志行正也。

九二：咸臨，吉无不利。

象曰：咸臨，吉无不利；未順命也。

六三：甘臨，无攸利。既憂之，无咎。

象曰：甘臨，位不當也。既憂之，咎不長也。

六四：至臨，无咎。

象曰：至臨无咎，位當也。

六五：知臨，大君之宜，吉。

象曰：大君之宜，行中之謂也。

上六：敦臨，吉无咎。

象曰：敦臨之吉，志在內也。

第二十卦

觀

坤下巽上

觀，盥而不荐，有孚顒若。

象曰：大觀在上，順而巽，中正以觀天下。觀，盥而不荐，有孚顒若，下觀而化也。觀天之神道，而四時不忒，聖人以神道設教，而天下服矣。

象曰：風行地上，觀；先王以省方，觀民設教。

初六：童觀，小人无咎，君子吝。

象曰：初六童觀，小人道也。

六二：窺觀，利女貞。

象曰：窺觀女貞，亦可丑也。

六三：觀我生，進退。

象曰：觀我生，進退；未失道也。

六四：觀國之光，利用賓于王。

象曰：觀國之光，尚賓也。

九五：觀我生，君子无咎。

象曰：觀我生，觀民也。

上九：觀其生，君子无咎。

象曰：觀其生，志未平也。

第二十一卦

噬嗑

震下離上

噬嗑，亨。利用獄。

彖曰：頤中有物，曰噬嗑，噬嗑而亨。剛柔分，動而明，雷電合而章。柔得中而上行，雖不當位，利用獄也。

象曰：雷電噬嗑；先王以明罰敕法。

初九：屨校滅趾，无咎。

象曰：屨校滅趾，不行也。

六二：噬膚滅鼻，无咎。

象曰：噬膚滅鼻，乘剛也。

六三：噬臘肉，遇毒；小吝，无咎。

象曰：遇毒，位不當也。

九四：噬乾胏，得金矢，利艱貞，吉。

象曰：利艱貞吉，未光也。

六五：噬乾肉，得黃金，貞厲，无咎。

象曰：貞厲无咎，得當也。

上九：何校滅耳，凶。

象曰：何校滅耳，聰不明也。

第二十二卦

賁

離下艮上

賁，亨。小利有攸往。

象曰：賁，亨；柔來而文剛，故亨。分剛上而文柔，故小利有攸往。剛柔交錯，天文也；文明以止，人文也。觀乎天文，以察時變；觀乎人文，以化成天下。

象曰：山下有火，賁；君子以明庶政，无敢折獄。

初九：賁其趾，舍車而徒。

象曰：舍車而徒，義弗乘也。

六二：賁其須。

象曰：賁其須，與上興也。

九三：賁如濡如，永貞吉。

象曰：永貞之吉，終莫之陵也。

六四：賁如皤如，白馬翰如，匪寇婚媾。

象曰：六四，當位疑也。匪寇婚媾，終无尤也。

六五：賁於丘園，束帛戔戔，吝，終吉。

象曰：六五之吉，有喜也。

上九：白賁，无咎。

象曰：白賁无咎，上得志也。

第二十三卦

剝

坤下艮上

剝，不利有攸往。

彖曰：剝，剝也，柔變剛也。不利有攸往，小人長也。順而止之，觀象也。君子尚消息盈虛，天行也。

象曰：山附地上，剝；上以厚下，安宅。

初六：剝牀以足，蔑貞凶。

象曰：剝牀以足，以滅下也。

六二：剝牀以辨，蔑貞凶。

象曰：剝牀以辨，未有與也。

六三：剝之，无咎。

象曰：剝之无咎，失上下也。

六四：剝牀以膚，凶。

象曰：剝牀以膚，切近災也。

六五：貫魚，以宮人寵，无不利。

象曰：以宮人寵，終无尤也。

上九：碩果不食，君子得輿，小人剝廬。

象曰：君子得輿，民所載也。小人剝廬，終不可用也。

第二十四卦

復

震下坤上

復，亨。出入无疾，朋來无咎。反復其道，七日來復，利有攸往。

象曰：復亨；剛反，動而以順行，是以出入无疾，朋來无咎。反復其道，七日來復，天行也。利有攸往，剛長也。復其見天地之心乎？

象曰：雷在地中，復；先王以至日閉關，商旅不行，后不省方。

初九：不復遠，无只悔，元吉。

象曰：不遠之復，以修身也。

六二：休復，吉。

象曰：休復之吉，以下仁也。

六三：頻復，厲无咎。

象曰：頻復之厲，義无咎也。

六四：中行獨復。

象曰：中行獨復，以從道也。

六五：敦復，无悔。

象曰：敦復无悔，中以自考也。

上六：迷復，凶，有災眚。用行師，終有大敗，以其國君，凶；至于十年，不克征。

象曰：迷復之凶，反君道也。

第二十五卦

无妄

震下乾上

无妄，元亨，利貞。其匪正有眚，不利有攸往。

彖曰：无妄，剛自外來，而為主於內。動而健，剛中而應，大亨以正，天之命也。其匪正有眚，不利有攸往。无妄之往，何之矣？天命不佑，行矣哉？

象曰：天下雷行，物與无妄；先王以茂對時，育萬物。

初九：无妄，往吉。

象曰：无妄之往，得志也。

六二：不耕獲，不菑畬，則利有攸往。

象曰：不耕獲，未富也。

六三：无妄之災，或系之牛，行人之得，邑人之災。

象曰：行人得牛，邑人災也。

九四：可貞，无咎。

象曰：可貞无咎，固有之也。

九五：无妄之疾，勿藥有喜。

象曰：无妄之藥，不可試也。

上九：无妄，行有眚，无攸利。

象曰：无妄之行，窮之災也。

第二十六卦

大畜

乾下艮上

大畜，利貞，不家食吉，利涉大川。

彖曰：大畜，剛健篤實輝光，日新其德，剛上而尚賢。能止健，大正也。不家食吉，養賢也。利涉大川，應乎天也。

象曰：天在山中，大畜；君子以多識前言往行，以畜其德。

初九：有厲利已。

象曰：有厲利已，不犯災也。

九二：輿說輻。

象曰：輿說輻，中无尤也。

九三：良馬逐，利艱貞。曰閑輿衛，利有攸往。

象曰：利有攸往，上合志也。

六四：童豕之牿，元吉。

象曰：六四元吉，有喜也。

六五：豶豕之牙，吉。

象曰：六五之吉，有慶也。

上九：何天之衢，亨。

象曰：何天之衢，道大行也。

第二十七卦

頤

䷚

震下艮上

頤，貞吉。觀頤，自求口實。

彖曰：頤貞吉，養正則吉也。觀頤，觀其所養也；自求口實，觀其自養也。天地養萬物，聖人養賢，以及萬民；頤之時義大矣哉！

象曰：山下有雷，頤；君子以慎言語，節飲食。

初九：舍爾靈龜，觀我朵頤，凶。

象曰：觀我朵頤，亦不足貴也。

六二：顛頤，拂經，于丘頤，征凶。

象曰：六二征凶，行失類也。

六三：拂頤，貞凶，十年勿用，无攸利。

象曰：十年勿用，道大悖也。

六四：顛頤吉，虎視眈眈，其欲逐逐，无咎。

象曰：顛頤之吉，上施光也。

六五：拂經，居貞吉，不可涉大川。

象曰：居貞之吉，順以從上也。

上九：由頤，厲吉，利涉大川。

象曰：由頤厲吉，大有慶也。

第二十八卦

大過

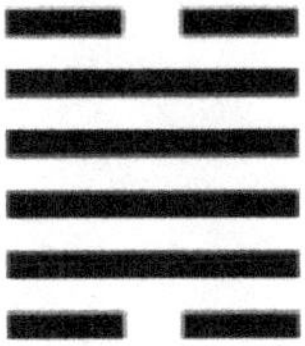

巽下兌上

大過，棟橈，利有攸往，亨。

象曰：大過，大者過也。棟橈，本末弱也。剛過而中，巽而說行，利有攸往，乃亨。大過之時義大矣哉！

象曰：澤滅木，大過。君子以獨立不懼，遯世无悶。

初六：藉用白茅，无咎。

象曰：藉用白茅，柔在下也。

九二：枯楊生稊，老夫得其女妻，无不利。

象曰：老夫女妻，過以相與也。

九三：棟橈，凶。

象曰：棟橈之凶，不可以有輔也。

九四：棟隆，吉。有它吝。

象曰：棟隆之吉，不橈乎下也。

九五：枯楊生華，老婦得士夫，无咎无譽。

象曰：枯楊生華，何可久也。老婦士夫，亦可丑也。

上六：過涉滅頂，凶，无咎。

象曰：過涉之凶，不可咎也。

第二十九卦

坎

坎下坎上

坎，習坎，有孚維心，亨。行有尚。

彖曰：習坎，重險也。水流而不盈，行險而不失其信。維心亨，乃以剛中也。行有尚，往有功也。天險不可升也，地險山川丘陵也，王公設險以守其國，坎之時用大矣哉！

象曰：水洊至，習坎；君子以常德行，習教事。

初六：習坎，入于坎窞，凶。

象曰：習坎入坎，失道凶也。

九二：坎有險，求小得。

象曰：求小得，未出中也。

六三：來之坎坎，險且枕，入于坎窞，勿用。

象曰：來之坎坎，終无功也。

六四：樽酒簋貳，用缶，納約自牖，終无咎。

象曰：樽酒簋貳，剛柔際也。

九五：坎不盈，只既平，无咎。

象曰：坎不盈，中未大也。

上六：用徽纆，置于叢棘，三歲不得，凶。

象曰：上六失道，凶三歲也。

第三十卦

離

䷝

離下離上

離，利貞，亨。畜牝牛，吉。

彖曰：離，麗也；日月麗乎天，百谷草木麗乎土，重明以麗乎正，乃化成天下。柔麗乎中正，故亨；是以畜牝牛吉也。

象曰：明兩作離，大人以繼明照于四方。

初九：履錯然，敬之无咎。

象曰：履錯之敬，以辟咎也。

六二：黃離，元吉。

象曰：黃離元吉，得中道也。

九三：日昃之離，不鼓缶而歌，則大耋之嗟，凶。

象曰：日昃之離，何可久也。

九四：突如其來如，焚如，死如，棄如。

象曰：突如其來如，无所容也。

六五：出涕沱若，戚嗟若，吉。

象曰：六五之吉，離王公也。

上九：王用出征，有嘉折首，獲其匪丑，无咎。

象曰：王用出征，以正邦也。

第三十一卦

咸

艮下兑上

咸，亨，利貞，取女吉。

彖曰：咸，感也。柔上而剛下，二氣感應以相與，止而說，男下女，是以亨利貞，取女吉也。天地感而萬物化生，聖人感人心而天下和平；觀其所感，而天地萬物之情可見矣！

象曰：山上有澤，咸；君子以虛受人。

初六：咸其拇。

象曰：咸其拇，志在外也。

六二：咸其腓，凶，居吉。

象曰：雖凶，居吉，順不害也。

九三：咸其股，執其隨，往吝。

象曰：咸其股，亦不處也。志在隨人，所執下也。

九四：貞吉悔亡，憧憧往來，朋從爾思。

象曰：貞吉悔亡，未感害也。憧憧往來，未光大也。

九五：咸其脢，无悔。

象曰：咸其脢，志末也。

上六：咸其輔，頰，舌。

象曰：咸其輔，頰，舌，滕口說也。

第三十二卦

恆

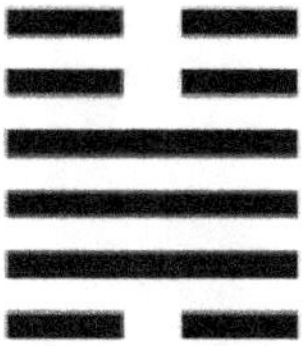

巽下震上

恆，亨，无咎，利貞，利有攸往。

象曰：恆，久也。剛上而柔下，雷風相與，巽而動，剛柔皆應，恆。恆亨无咎，利貞；久於其道也，天地之道，恆久而不已也。利有攸往，終則有始也。日月得天，而能久照，四時變化，而能久成，聖人久於其道，而天下化成；觀其所恆，而天地萬物之情可見矣！

象曰：雷風，恆；君子以立不易方。

初六：浚恆，貞凶，无攸利。

象曰：浚恆之凶，始求深也。

九二：悔亡。

象曰：九二悔亡，能久中也。

九三：不恆其德，或承之羞，貞吝。

象曰：不恆其德，无所容也。

九四：田无禽。

象曰：久非其位，安得禽也。

六五：恆其德，貞，婦人吉，夫子凶。

象曰：婦人貞吉，從一而終也。夫子制義，從婦凶也。

上六：振恆，凶。

象曰：振恆在上，大无功也。

第三十三卦

遯

艮下乾上

遯，亨，小利貞。

彖曰：遯亨，遯而亨也。剛當位而應，與時行也。小利貞，浸而長也。遯之時義大矣哉！

象曰：天下有山，遯；君子以遠小人，不惡而嚴。

初六：遯尾，厲，勿用有攸往。

象曰：遯尾之厲，不往何災也。

六二：執之用黃牛之革，莫之勝說。

象曰：執用黃牛，固志也。

九三：系遯，有疾厲，畜臣妾吉。

象曰：系遯之厲，有疾憊也。畜臣妾吉，不可大事也。

九四：好遯君子吉，小人否。

象曰：君子好遯，小人否也。

九五：嘉遯，貞吉。

象曰：嘉遯貞吉，以正志也。

上九：肥遯，无不利。

象曰：肥遯，无不利；无所疑也。

第三十四卦

大壯

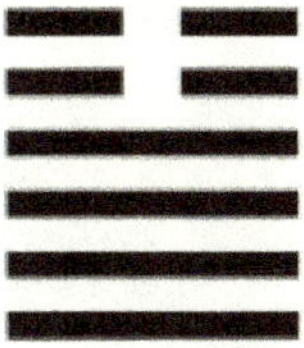

乾下震上

大壯，利貞。

彖曰：大壯，大者壯也。剛以動，故壯。大壯利貞；大者正也。正大而天地之情可見矣！

象曰：雷在天上，大壯；君子以非禮勿履。

初九：壯于趾，征凶，有孚。

象曰：壯于趾，其孚窮也。

九二：貞吉。

象曰：九二貞吉，以中也。

九三：小人用壯，君子用罔，貞厲。羝羊觸藩，羸其角。

象曰：小人用壯，君子罔也。

九四：貞吉悔亡，藩決不羸，壯于大輿之輹。

象曰：藩決不羸，尚往也。

六五：喪羊于易，无悔。

象曰：喪羊于易，位不當也。

上六：羝羊觸藩，不能退，不能遂，无攸利，艱則吉。

象曰：不能退，不能遂，不祥也。艱則吉，咎不長也。

第三十五卦

晉

坤下離上

晉，康侯用錫馬蕃庶，晝日三接。

象曰：晉，進也。明出地上，順而麗乎大明，柔進而上行。是以康侯用錫馬蕃庶，晝日三接也。

象曰：明出地上，晉；君子以自昭明德。

初六：晉如，摧如，貞吉。罔孚，裕无咎。

象曰：晉如，摧如；獨行正也。裕无咎；未受命也。

六二：晉如，愁如，貞吉。受茲介福，于其王母。

象曰：受之介福，以中正也。

六三：眾允，悔亡。

象曰：眾允之，志上行也。

九四：晉如碩鼠，貞厲。

象曰：碩鼠貞厲，位不當也。

六五：悔亡，失得勿恤，往吉无不利。

象曰：失得勿恤，往有慶也。

上九：晉其角，維用伐邑，厲吉无咎，貞吝。

象曰：維用伐邑，道未光也。

第三十六卦

明夷

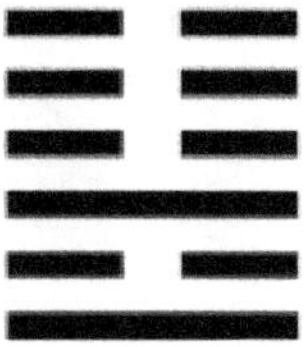

離下坤上

明夷，利艱貞。

彖曰：明入地中，明夷。內文明而外柔順，以蒙大難，文王以之。利艱貞，晦其明也，內難而能正其志，箕子以之。

象曰：明入地中，明夷；君子以蒞眾，用晦而明。

初九：明夷于飛，垂其翼。君子于行，三日不食，有攸往，主人有言。

象曰：君子于行，義不食也。

六二：明夷，夷于左股，用拯馬壯，吉。

象曰：六二之吉，順以則也。

九三：明夷于南狩，得其大首，不可疾貞。

象曰：南狩之志，乃大得也。

六四：入于左腹，獲明夷之心，出于門庭。

象曰：入于左腹，獲心意也。

六五：箕子之明夷，利貞。

象曰：箕子之貞，明不可息也。

上六：不明晦，初登于天，后入于地。

象曰：初登于天，照四國也。后入于地，失則也。

第三十七卦

家人

離下巽上

家人，利女貞。

彖曰：家人，女正位乎內，男正位乎外，男女正，天地之大義也。家人有嚴君焉，父母之謂也。父父，子子，兄兄，弟弟，夫夫，婦婦，而家道正；正家而天下定矣。

象曰：風自火出，家人；君子以言有物，而行有恆。

初九：閑有家，悔亡。

象曰：閑有家，志未變也。

六二：无攸遂，在中饋，貞吉。

象曰：六二之吉，順以巽也。

九三：家人嗃嗃，悔厲吉；婦子嘻嘻，終吝。

象曰：家人嗃嗃，未失也；婦子嘻嘻，失家節也。

六四：富家，大吉。

象曰：富家大吉，順在位也。

九五：王假有家，勿恤。吉。

象曰：王假有家，交相愛也。

上九：有孚威如，終吉。

象曰：威如之吉，反身之謂也。

第三十器八卦

睽

兌下離上

睽，小事吉。

彖曰：睽，火動而上，澤動而下；二女同居，其志不同行；說而麗乎明，柔進而上行，得中而應乎剛；是以小事吉。天地睽，而其事同也；男女睽，而其志通也；萬物睽，而其事類也；睽之時用大矣哉！

象曰：上火下澤，睽；君子以同而異。

初九：悔亡，喪馬勿逐，自復；見惡人无咎。

象曰：見惡人，以辟咎也。

九二：遇主于巷，无咎。

象曰：遇主于巷，未失道也。

六三：見輿曳，其牛掣，其人天且劓，无初有終。

象曰：見輿曳，位不當也。无初有終，遇剛也。

九四：睽孤，遇元夫，交孚，厲无咎。

象曰：交孚无咎，志行也。

六五：悔亡，厥宗噬膚，往何咎。

象曰：厥宗噬膚，往有慶也。

上九：睽孤，見豕負涂，載鬼一車，先張之弧，后說之弧，匪寇婚媾，往遇雨則吉。

象曰：遇雨之吉，群疑亡也。

第三十九卦

蹇

艮下坎上

蹇，利西南，不利東北；利見大人，貞吉。

彖曰：蹇，難也，險在前也。見險而能止，知矣哉！蹇利西南，往得中也；不利東北，其道窮也。利見大人，往有功也。當位貞吉，以正邦也。蹇之時用大矣哉！

象曰：山上有水，蹇；君子以反身修德。

初六：往蹇，來譽。

象曰：往蹇來譽，宜待也。

六二：王臣蹇蹇，匪躬之故。

象曰：王臣蹇蹇，終无尤也。

九三：往蹇來反。

象曰：往蹇來反，內喜之也。

六四：往蹇來連。

象曰：往蹇來連，當位實也。

九五：大蹇朋來。

象曰：大蹇朋來，以中節也。

上六：往蹇來碩，吉；利見大人。

象曰：往蹇來碩，志在內也。利見大人，以從貴也。

第四十卦

解

坎下震上

解，利西南，无所往，其來復吉。有攸往，夙吉。

彖曰：解，險以動，動而免乎險，解。解利西南，往得衆也。其來復吉，乃得中也。有攸往夙吉，往有功也。天地解，而雷雨作，雷雨作，而百果草木皆甲坼，解之時義大矣哉！

象曰：雷雨作，解；君子以赦過宥罪。

初六：无咎。

象曰：剛柔之際，義无咎也。

九二：田獲三狐，得黃矢，貞吉。

象曰：九二貞吉，得中道也。

六三：負且乘，致寇至，貞吝。

象曰：負且乘，亦可丑也，自我致戎，又誰咎也。

九四：解而拇，朋至斯孚。

象曰：解而拇，未當位也。

六五：君子維有解，吉；有孚于小人。

象曰：君子有解，小人退也。

上六：公用射隼，于高墉之上，獲之，无不利。

象曰：公用射隼，以解悖也。

第四十一卦

損

兊下艮上

損，有孚，元吉，无咎，可貞，利有攸往。曷之用？二簋可用享。

彖曰：損，損下益上，其道上行。損而有孚，元吉，无咎，可貞，利有攸往。曷之用？二簋可用享；二簋應有時。損剛益柔有時，損益盈虛，與時偕行。

象曰：山下有澤，損；君子以懲忿窒欲。

初九：已事遄往，无咎，酌損之。

象曰：已事遄往，尚合志也。

九二：利貞，征凶，弗損益之。

象曰：九二利貞，中以為志也。

六三：三人行，則損一人；一人行，則得其友。

象曰：一人行，三則疑也。

六四：損其疾，使遄有喜，无咎。

象曰：損其疾，亦可喜也。

六五：或益之，十朋之龜弗克違，元吉。

象曰：六五元吉，自上佑也。

上九：弗損益之，无咎，貞吉，利有攸往，得臣无家。

象曰：弗損益之，大得志也。

第四十二卦

益

震下巽上

益，利有攸往，利涉大川。

彖曰：益，損上益下，民說无疆，自上下下，其道大光。利有攸往，中正有慶。利涉大川，木道乃行。益動而巽，日進无疆。天施地生，其益无方。凡益之道，與時偕行。

象曰：風雷，益；君子以見善則遷，有過則改。

初九：利用為大作，元吉，无咎。

象曰：元吉无咎，下不厚事也。

六二：或益之，十朋之龜弗克違，永貞吉。王用享于帝，吉。

象曰：或益之，自外來也。

六三：益之用凶事，无咎。有孚中行，告公用圭。

象曰：益用凶事，固有之也。

六四：中行，告公從。利用為依遷國。

象曰：告公從，以益志也。

九五：有孚惠心，勿問元吉。有孚惠我德。

象曰：有孚惠心，勿問之矣。惠我德，大得志也。

上九：莫益之，或擊之，立心勿恆，凶。

象曰：莫益之，偏辭也。或擊之，自外來也。

第四十三卦

夬

乾下兌上

夬，揚于王庭，孚號，有厲，告自邑，不利即戎，利有攸往。

彖曰：夬，決也，剛決柔也。健而說，決而和，揚于王庭，柔乘五剛也。孚號有厲，其危乃光也。告自邑，不利即戎，所尚乃窮也。利有攸往，剛長乃終也。

象曰：澤上于天，夬；君子以施祿及下，居德則忌。

初九：壯于前趾，往不勝為吝。

象曰：不勝而往，咎也。

九二：惕號，莫夜有戎，勿恤。

象曰：莫夜有戎，得中道也。

九三：壯于頄，有凶。君子夬夬，獨行遇雨，若濡有慍，无咎。

象曰：君子夬夬，終无咎也。

九四：臀无膚，其行次且。牽羊悔亡，聞言不信。

象曰：其行次且，位不當也。聞言不信，聰不明也。

九五：莧陸夬夬，中行无咎。

象曰：中行无咎，中未光也。

上六：无號，終有凶。

象曰：无號之凶，終不可長也。

第四十四卦

姤

巽下乾上

姤，女壯，勿用取女。

象曰：姤，遇也，柔遇剛也。勿用取女，不可與長也。天地相遇，品物咸章也。剛遇中正，天下大行也。姤之時義大矣哉！

象曰：天下有風，姤；后以施命誥四方。

初六：系于金柅，貞吉，有攸往，見凶，羸豕蹢躅。

象曰：系于金柅，柔道牽也。

九二：包有魚，无咎，不利賓。

象曰：包有魚，義不及賓也。

九三：臀无膚，其行次且，厲，无大咎。

象曰：其行次且，行未牽也。

九四：包无魚，起凶。

象曰：无魚之凶，遠民也。

九五：以杞包瓜，含章，有隕自天。

象曰：九五含章，中正也。有隕自天，志不舍命也。

上九：姤其角，吝，无咎。

象曰：姤其角，上窮吝也。

第四十五卦

萃

䷬

坤下兌上

萃，亨。王假有廟，利見大人，亨，利貞。用大牲吉，利有攸往。

彖曰：萃，聚也；順以說，剛中而應，故聚也。王假有廟，致孝享也。利見大人亨，聚以正也。用大牲吉，利有攸往，順天命也。觀其所聚，而天地萬物之情可見矣。

象曰：澤上於地，萃；君子以除戎器，戒不虞。

初六：有孚不終，乃亂乃萃，若號一握為笑，勿恤，往无咎。

象曰：乃亂乃萃，其志亂也。

六二：引吉，无咎，孚乃利用禴。

象曰：引吉无咎，中未變也。

六三：萃如，嗟如，无攸利，往无咎，小吝。

象曰：往无咎，上巽也。

九四：大吉，无咎。

象曰：大吉无咎，位不當也。

九五：萃有位，无咎。匪孚，元永貞，悔亡。

象曰：萃有位，志未光也。

上六：齎咨涕洟，无咎。

象曰：齎咨涕洟，未安上也。

第四十六卦

升

巽下坤上

升，元亨，用見大人，勿恤，南征吉。

象曰：柔以時升，巽而順，剛中而應，是以大亨。用見大人，勿恤；有慶也。南征吉，志行也。

象曰：地中生木，升；君子以順德，積小以高大。

初六：允升，大吉。

象曰：允升大吉，上合志也。

九二：孚乃利用禴，无咎。

象曰：九二之孚，有喜也。

九三：升虛邑。

象曰：升虛邑，无所疑也。

六四：王用亨于岐山，吉无咎。

象曰：王用亨于岐山，順事也。

六五：貞吉，升階。

象曰：貞吉升階，大得志也。

上六：冥升，利于不息之貞。

象曰：冥升在上，消不富也。

第四十七卦

困

坎下兌上

困，亨，貞大人吉，无咎，有言不信。

象曰：困，剛掩也。險以說，困而不失其所，亨；其唯君子乎？貞大人吉，以剛中也。有言不信，尚口乃窮也。

象曰：澤无水，困；君子以致命遂志。

初六：臀困于株木，入于幽谷，三歲不見。

象曰：入于幽谷，幽不明也。

九二：困于酒食，朱紱方來，利用亨祀，征凶，无咎。

象曰：困于酒食，中有慶也。

六三：困于石，據于蒺藜，入于其宮，不見其妻，凶。

象曰：據于蒺藜，乘剛也。入于其宮，不見其妻，不祥也。

九四：來徐徐，困于金車，吝，有終。

象曰：來徐徐，志在下也。雖不當位，有與也。

九五：劓刖，困于赤紱，乃徐有說，利用祭祀。

象曰：劓刖，志未得也。乃徐有說，以中直也。利用祭祀，受福也。

上六：困于葛藟，于臲卼，曰動悔。有悔，征吉。

象曰：困于葛藟，未當也。動悔，有悔吉，行也。

第四十八卦

井

䷯

巽下坎上

井，改邑不改井，无喪无得，往來井井。汔至，亦未繘井，羸其瓶，凶。

象曰：巽乎水而上水，井；井養而不窮也。改邑不改井，乃以剛中也。汔至亦未繘井，未有功也。羸其瓶，是以凶也。

象曰：木上有水，井；君子以勞民勸相。

初六：井泥不食，舊井无禽。

象曰：井泥不食，下也。舊井无禽，時舍也。

九二：井谷射鮒，瓮敝漏。

象曰：井谷射鮒，无與也。

九三：井渫不食，為我民惻，可用汲，王明，并受其福。

象曰：井渫不食，行惻也。求王明，受福也。

六四：井甃，无咎。

象曰：井甃无咎，修井也。

九五：井洌，寒泉食。

象曰：寒泉之食，中正也。

上六：井收勿幕，有孚无吉。

象曰：元吉在上，大成也。

第四十九卦

革

離下兌上

革，己日乃孚，元亨，利貞，悔亡。

彖曰：革，水火相息，二女同居，其志不相得，曰革。己日乃孚；革而信也。文明以說，大亨以正，革而當，其悔乃亡。天地革而四時成，湯武革命，順乎天而應乎人，革之時義大矣哉！

象曰：澤中有火，革；君子以治歷明時。

初九：鞏用黃牛之革。

象曰：鞏用黃牛，不可以有為也。

六二：己日乃革之，征吉，无咎。

象曰：己日革之，行有嘉也。

九三：征凶，貞厲，革言三就，有孚。

象曰：革言三就，又何之矣。

九四：悔亡，有孚改命，吉。

象曰：改命之吉，信志也。

九五：大人虎變，未占有孚。

象曰：大人虎變，其文炳也。

上六：君子豹變，小人革面，征凶，居貞吉。

象曰：君子豹變，其文蔚也。小人革面，順以從君也。

第五十卦

鼎

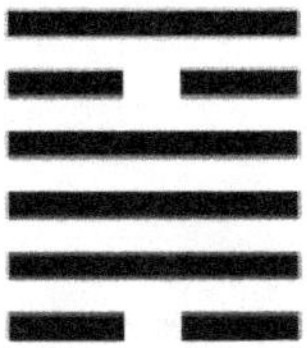

巽下離上

鼎，元吉，亨。

象曰：鼎，象也。以木巽火，亨飪也。聖人亨以享上帝，而大亨以養聖賢。巽而耳目聰明，柔進而上行，得中而應乎剛，是以元亨。

象曰：木上有火，鼎；君子以正位凝命。

初六：鼎顛趾，利出否，得妾以其子，无咎。

象曰：鼎顛趾，未悖也。利出否，以從貴也。

九二：鼎有實，我仇有疾，不我能即，吉。

象曰：鼎有實，慎所之也。我仇有疾，終无尤也。

九三：鼎耳革，其行塞，雉膏不食，方雨虧悔，終吉。

象曰：鼎耳革，失其義也。

九四：鼎折足，覆公餗，其形渥，凶。

象曰：覆公餗，信如何也。

六五：鼎黃耳金鉉，利貞。

象曰：鼎黃耳，中以為實也。

上九：鼎玉鉉，大吉，无不利。

象曰：玉鉉在上，剛柔節也。

第五十一卦

震

震下震上

震，亨。震來虩虩，笑言啞啞。震驚百里，不喪匕鬯。

彖曰：震，亨。震來虩虩，恐致福也。笑言啞啞，后有則也。震驚百里，驚遠而懼邇也。出可以守宗廟社稷，以為祭主也。

象曰：洊雷，震；君子以恐懼修身。

初九：震來虩虩，后笑言啞啞，吉。

象曰：震來虩虩，恐致福也。笑言啞啞，后有則也。

六二：震來厲，億喪貝，躋于九陵，勿逐，七日得。

象曰：震來厲，乘剛也。

六三：震蘇蘇，震行无眚。

象曰：震蘇蘇，位不當也。

九四：震遂泥。

象曰：震遂泥，未光也。

六五：震往來厲，億无喪，有事。

象曰：震往來厲，危行也。其事在中，大无喪也。

上六：震索索，視矍矍，征凶。震不于其躬，于其鄰，无咎。婚媾有言。

象曰：震索索，未得中也。雖凶无咎，畏鄰戒也。

第五十二卦

艮

艮下艮上

艮，艮其背，不獲其身，行其庭，不見其人，无咎。

彖曰：艮，止也。時止則止，時行則行，動靜不失其時，其道光明。艮其止，止其所也。上下敵應，不相與也。是以不獲其身，行其庭不見其人，无咎也。

象曰：兼山，艮；君子以思不出其位。

初六：艮其趾，无咎，利永貞。

象曰：艮其趾，未失正也。

六二：艮其腓，不拯其隨，其心不快。

象曰：不拯其隨，未退聽也。

九三：艮其限，列其夤，厲薰心。

象曰：艮其限，危薰心也。

六四：艮其身，无咎。

象曰：艮其身，止諸躬也。

六五：艮其輔，言有序，悔亡。

象曰：艮其輔，以中正也。

上九：敦艮，吉。

象曰：敦艮之吉，以厚終也。

第五十三卦

漸

艮下巽上

漸，女歸吉，利貞。

彖曰：漸之進也，女歸吉也。進得位，往有功也。進以正，可以正邦也。其位剛，得中也。止而巽，動不窮也。

象曰：山上有木，漸；君子以居賢德，善俗。

初六：鴻漸于干，小子厲，有言，无咎。

象曰：小子之厲，義无咎也。

六二：鴻漸于磐，飲食衎衎，吉。

象曰：飲食衎衎，不素飽也。

九三：鴻漸于陸，夫征不復，婦孕不育，凶；利御寇。

象曰：夫征不復，離群丑也。婦孕不育，失其道也。利用御寇，順相保也。

六四：鴻漸于木，或得其桷，无咎。

象曰：或得其桷，順以巽也。

九五：鴻漸于陵，婦三歲不孕，終莫之勝，吉。

象曰：終莫之勝，吉；得所愿也。

上九：鴻漸于逵，其羽可用為儀，吉。

象曰：其羽可用為儀，吉；不可亂也。

第五十四卦

歸妹

兌下震上

歸妹，征凶，无攸利。

彖曰：歸妹，天地之大義也。天地不交，而萬物不興，歸妹人之終始也。說以動，所歸妹也。征凶，位不當也。无攸利，柔乘剛也。

象曰：澤上有雷，歸妹；君子以永終知敝。

初九：歸妹以娣，跛能履，征吉。

象曰：歸妹以娣，以恆也。跛能履吉，相承也。

九二：眇能視，利幽人之貞。

象曰：利幽人之貞，未變常也。

六三：歸妹以須，反歸以娣。

象曰：歸妹以須，未當也。

九四：歸妹愆期，遲歸有時。

象曰：愆期之志，有待而行也。

六五：帝乙歸妹，其君之袂，不如其娣之袂良，月几望，吉。

象曰：帝乙歸妹，不如其娣之袂良也。其位在中，以貴行也。

上六：女承筐无實，士刲羊无血，无攸利。

象曰：上六无實，承虛筐也。

第五十五卦

豐

離下震上

豐，亨。王假之，勿憂，宜日中。

彖曰：豐，大也。明以動，故豐。王假之，尚大也。勿憂宜日中，宜照天下也。日中則昃，月盈則食，天地盈虛，與時消息，而況於人乎？況於鬼神乎？

象曰：雷電皆至，豐；君子以折獄致刑。

初九：遇其配主，雖旬无咎，往有尚。

象曰：雖旬无咎，過旬災也。

六二：豐其蔀，日中見斗，往得疑疾，有孚發若，吉。

象曰：有孚發若，信以發志也。

九三：豐其沛，日中見昧，折其右肱，无咎。

象曰：豐其沛，不可大事也。折其右肱，終不可用也。

九四：豐其蔀，日中見斗，遇其夷主，吉。

象曰：豐其蔀，位不當也。日中見斗，幽不明也。遇其夷主，吉；行也。

六五：來章，有慶譽，吉。

象曰：六五之吉，有慶也。

上六：豐其屋，蔀其家，窺其戶，闃其无人，三歲不見，凶。

象曰：豐其屋，天際翔也。窺其戶，闃其无人，自藏也。

第五十六卦

旅

艮下離上

旅，小亨，旅貞吉。

彖曰：旅，小亨，柔得中乎外，而順乎剛，止而麗乎明，是以小亨，旅貞吉也。旅之時義大矣哉！

象曰：山上有火，旅；君子以明慎用刑，而不留獄。

初六：旅瑣瑣，斯其所取災。

象曰：旅瑣瑣，志窮災也。

六二：旅即次，懷其資，得童僕貞。

象曰：得童僕貞，終无尤也。

九三：旅焚其次，喪其童僕，貞厲。

象曰：旅焚其次，亦以傷矣。以旅與下，其義喪也。

九四：旅于處，得其資斧，我心不快。

象曰：旅于處，未得位也。得其資斧，心未快也。

六五：射雉一矢亡，終以譽命。

象曰：終以譽命，上逮也。

上九：鳥焚其巢，旅人先笑后號咷。喪牛于易，凶。

象曰：以旅在上，其義焚也。喪牛于易，終莫之聞也。

第五十七卦

巽

巽下巽上

巽，小亨，利攸往，利見大人。

彖曰：重巽以申命，剛巽乎中正而志行。柔皆順乎剛，是以小亨，利有攸往，利見大人。

象曰：隨風，巽；君子以申命行事。

初六：進退，利武人之貞。

象曰：進退，志疑也。利武人之貞，志治也。

九二：巽在牀下，用史巫紛若，吉无咎。

象曰：紛若之吉，得中也。

九三：頻巽，吝。

象曰：頻巽之吝，志窮也。

六四：悔亡，田獲三品。

象曰：田獲三品，有功也。

九五：貞吉悔亡，无不利。无初有終，先庚三日，后庚三日，吉。

象曰：九五之吉，位正中也。

上九：巽在牀下，喪其資斧，貞凶。

象曰：巽在牀下，上窮也。喪其資斧，正乎凶也。

第五十八卦

兌

䷹

兌下兌上

兌，亨，利貞。

彖曰：兌，說也。剛中而柔外，說以利貞，是以順乎天，而應乎人。說以先民，民忘其勞；說以犯難，民忘其死；說之大，民勸矣哉！

象曰：麗澤，兌；君子以朋友講習。

初九：和兌，吉。

象曰：和兌之吉，行未疑也。

九二：孚兌，吉，悔亡。

象曰：孚兌之吉，信志也。

六三：來兌，凶。

象曰：來兌之凶，位不當也。

九四：商兌，未寧，介疾有喜。

象曰：九四之喜，有慶也。

九五：孚于剝，有厲。

象曰：孚于剝，位正當也。

上六：引兌。

象曰：上六引兌，未光也。

第五十九卦

渙

坎下巽上

渙，亨。王假有廟，利涉大川，利貞。

象曰：渙，亨。剛來而不窮，柔得位乎外而上同。王假有廟，王乃在中也。利涉大川，乘木有功也。

象曰：風行水上，渙；先王以享于帝立廟。

初六：用拯馬壯，吉。

象曰：初六之吉，順也。

九二：渙奔其机，悔亡。

象曰：渙奔其机，得愿也。

六三：渙其躬，无悔。

象曰：渙其躬，志在外也。

六四：渙其群，元吉。渙有丘，匪夷所思。

象曰：渙其群，元吉；光大也。

九五：渙汗其大號，渙王居，无咎。

象曰：王居无咎，正位也。

上九：渙其血，去逖出，无咎。

象曰：渙其血，遠害也。

第六十卦

節

兌下坎上

節，亨。苦節不可貞。

彖曰：節，亨，剛柔分，而剛得中。苦節不可貞，其道窮也。說以行險，當位以節，中正以通。天地節而四時成，節以制度，不傷財，不害民。

象曰：澤上有水，節；君子以制數度，議德行。

初九：不出戶庭，无咎。

象曰：不出戶庭，知通塞也。

九二：不出門庭，凶。

象曰：不出門庭，失時極也。

六三：不節若，則嗟若，无咎。

象曰：不節之嗟，又誰咎也。

六四：安節，亨。

象曰：安節之亨，承上道也。

九五：甘節，吉；往有尚。

象曰：甘節之吉，居位中也。

上六：苦節，貞凶，悔亡。

象曰：苦節貞凶，其道窮也。

第六十一卦

中孚

兌下巽上

中孚，豚魚吉，利涉大川，利貞。

彖曰：中孚，柔在內而剛得中。說而巽，孚，乃化邦也。豚魚吉，信及豚魚也。利涉大川，乘木舟虛也。中孚以利貞，乃應乎天也。

象曰：澤上有風，中孚；君子以議獄緩死。

初九：虞吉，有他不燕。

象曰：初九虞吉，志未變也。

九二：鳴鶴在陰，其子和之，我有好爵，吾與爾靡之。

象曰：其子和之，中心愿也。

六三：得敵，或鼓或罷，或泣或歌。

象曰：可鼓或罷，位不當也。

六四：月几望，馬匹亡，无咎。

象曰：馬匹亡，絕類上也。

九五：有孚攣如，无咎。

象曰：有孚攣如，位正當也。

上九：翰音登于天，貞凶。

象曰：翰音登于天，何可長也。

第六十二卦

小過

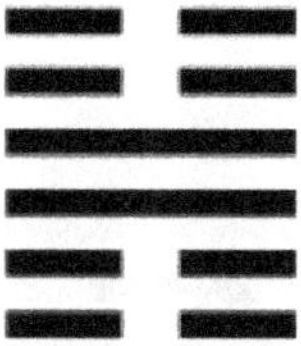

艮下震上

小過，亨，利貞，可小事，不可大事。飛鳥遺之音，不宜上宜下，大吉。

彖曰：小過，小者過而亨也。過以利貞，與時行也。柔得中，是以小事吉也。剛失位而不中，是以不可大事也。有飛鳥之象焉，有飛鳥遺之音，不宜上宜下，大吉；上逆而下順也。

象曰：山上有雷，小過；君子以行過乎恭，喪過乎哀，用過乎儉。

初六：飛鳥以凶。

象曰：飛鳥以凶，不可如何也。

六二：過其祖，遇其妣；不及其君，遇其臣；无咎。

象曰：不及其君，臣不可過也。

九三：弗過防之，從或戕之，凶。

象曰：從或戕之，凶如何也。

九四：无咎，弗過遇之。往厲必戒，勿用永貞。

象曰：弗過遇之，位不當也。往厲必戒，終不可長也。

六五：密云不雨，自我西郊，公弋取彼在穴。

象曰：密云不雨，已上也。

上六：弗遇過之，飛鳥離之，凶，是謂災眚。

象曰：弗遇過之，已亢也。

第六十三卦

既濟

離下坎上

既濟，亨，小利貞，初吉終亂。

象曰：既濟，亨，小者亨也。利貞，剛柔正而位當也。初吉，柔得中也。終止則亂，其道窮也。

象曰：水在火上，既濟；君子以思患而預防之。

初九：曳其輪，濡其尾，无咎。

象曰：曳其輪，義无咎也。

六二：婦喪其茀，勿逐，七日得。

象曰：七日得，以中道也。

九三：高宗伐鬼方，三年克之，小人勿用。

象曰：三年克之，憊也。

六四：繻有衣袽，終日戒。

象曰：終日戒，有所疑也。

九五：東鄰殺牛，不如西鄰之禴祭，實受其福。

象曰：東鄰殺牛，不如西鄰之時也；實受其福，吉大來也。

上六：濡其首，厲。

象曰：濡其首厲，何可久也。

第六十四卦

未濟

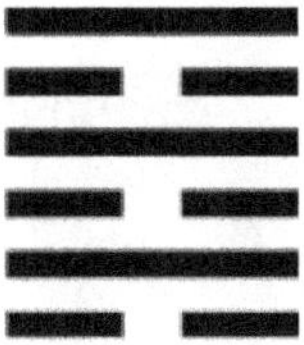

坎下離上

未濟，亨。小狐汔濟，濡其尾，无攸利。

象曰：未濟，亨；柔得中也。小狐汔濟，未出中也。濡其尾，无攸利；不續終也。雖不當位，剛柔應也。

象曰：火在水上，未濟；君子以慎辨物居方。

初六：濡其尾，吝。

象曰：濡其尾，亦不知極也。

九二：曳其輪，貞吉。

象曰：九二貞吉，中以行正也。

六三：未濟，征凶，利涉大川。

象曰：未濟征凶，位不當也。

九四：貞吉，悔亡，震用伐鬼方，三年有賞于大國。

象曰：貞吉悔亡，志行也。

六五：貞吉，无悔，君子之光，有孚，吉。

象曰：君子之光，其暉吉也。

上九：有孚于飲酒，无咎，濡其首，有孚失是。

象口：飲酒濡首，亦不知節也。

Also Available from JiaHu Books

尚書 – 9781909669635

春秋左氏傳 - 9781909669390

Ιλιάς - The Iliad (Ancient Greek) - 9781909669222

Οδύσσεια - The Odyssey (Ancient Greek) - 9781909669260

Ἀνάβασις - Anabasis (Ancient Greek) 9781909669321

Μήδεια – Βάκχαι Medea and Bacchae (Ancient Greek) – 9781909669765

Νεφέλαι – Λυσιστράτη Clouds and Lysistrata (Ancient Greek) - 9781909669956

De rerum natura – Lucretius - 9781909669970

Metamorphoses – Ovid (Latin) 9781909669352

Satyricon (Latin) - 9781909669789

Metamorphoses – Asinus Aureus (Latin)

Plays of Terence (Latin)

Complete Works of Pliny the Younger (Latin)

Egils Saga (Old Norse)

Egils Saga (Icelandic)

Brennu-Njáls saga (Icelandic)

Laxdæla Saga (Icelandic)

अभीज्ञानशाकु न्ताकम्- Recognition of Sakuntala (Sanskrit) – 9781909669192

www.ingramcontent.com/pod-product-compliance
Lightning Source LLC
Chambersburg PA
CBHW031419040426
42444CB00005B/649